Leonel Meza González

La doctrina de San Agustín Ucareo: 1555-1758

Derechos de autor © 2024 Leonel Meza González
Todos los derechos reservados

Av. Atzimba No. 4, col. Centro, Zinapécuaro de Figueroa, Michoacán, México.

E-mail: leonmezag@outlook.com

ISBN 978-607-29-6365-8

Diseño de portada: Arhantza Meza Mendoza
Foto de Portada: Leonmezag

Fotos interiores: Leonmezag
Mapa: Arhantza Meza Mendoza

Primera edición 2024

Ninguna parte de este libro puede ser reproducida ni almacenada en un sistema de recuperación, ni transmitida de cualquier forma o por cualquier medio, electrónico, o de fotocopia, grabación o de cualquier otro modo, sin el permiso expreso del editor.

Impreso en Estados Unidos de América

# ÍNDICE

Introducción..................................4

Los inicios...............................7

La doctrina de Ucareo........................ 11

El fin de la doctrina.....................36

Glosario de términos.........................45

Fuentes consultadas ....................48

# INTRODUCCIÓN

Si bien es cierto que ya en la época prehispánica existía el pueblo de Ucareo, su nacimiento debemos situarlo en el siglo XVI cuando arribaron a estas tierras los españoles y, más concretamente, los misioneros agustinos. Fueron ellos quienes dieron forma y vida al pueblo, cuyos habitantes poco a poco abrazaron las costumbres europeas. El punto de partida de tal situación fue la construcción del convento y, con él, la conformación de la doctrina de Ucareo.

Con el nombre de doctrina nos referimos aquí al espacio geográfico que corresponde a un monasterio o convento. Este territorio se compone de una cabecera (población en donde se estableció un convento) y sus visitas (poblaciones que están sujetas a la cabecera). Este territorio era administrado por los frailes que habitan en el convento. La doctrina de Ucareo fue la jurisdicción que abarcó la actividad agustina en esta región. En este espacio geográfico los hijos de San Agustín no sólo predicaron la palabra de Dios, sino también se dedicaron a actividades económicas, sociales y políticas, pues a fin de cuentas estaban encargados de administrar espiritual y socialmente a los indígenas de estas tierras.

El origen de esta investigación está relacionado con otra más amplia titulada *Secularización de la doctrina de Ucareo:1759-1787*, específicamente con el capítulo 1. Sin embargo, hemos agregado algunas consideraciones nuevas como el Hospital de La Concepción de Ucareo. Otro asunto novedoso son las observaciones que hemos hecho sobre la población de Ucareo a partir del trabajo de Margarita Nettel Ross.

El propósito de este trabajo es el de dar cuenta de cómo se construyó y administró la doctrina de Ucareo desde sus inicios hasta su desaparición en el año de 1758, cuando se inició en Michoacán la aplicación de la política de secularización de las doctrinas, medida que emplearon los reyes españoles para controlar al clero regular.

Sirvan también estas líneas para rescatar una parte de la historia colonial de este pueblo pintoresco que aún conserva la magia de encantar y asombrar a aquél que lo visita por los vestigios majestuosos que atestiguan el paso de los agustinos por estas tierras.

## Los inicios

La vida colonial en Ucareo,[1] poblado situado al oriente de los centros ceremoniales de Araró y Zinapécuaro, en la parte alta de la sierra y habitado por indios tarascos, se inició en el año de 1524 cuando Hernán Cortés lo otorgó en encomienda a García Holguín, quien a cambio de recibir el tributo de los indígenas quedó obligado a instruirlos en la religión cristiana. Sin embargo, Holguín partió a la conquista de Perú, por lo que dejó su encomienda en abandono.

En 1529 Juan Bezos, con el apoyo del entonces Gobernador de la Nueva España, Nuño de Guzmán, se convirtió en el nuevo encomendero del lugar hasta que en 1532 la

---

[1] Voz tarasca que significa lugar de frutas. De hucaracua, fruta, y eo, locativo plural. CORONA NÚÑEZ, JOSÉ. *Diccionario geográfico tarasco-náhuatl*. Morelia, U.M.S.N.H., 1993. p. 63.

Segunda Audiencia se la quitó. Es posible que la razón de esta decisión se deba a que la Segunda Audiencia tuvo como meta principal reparar los daños ocasionados por la Primera Audiencia, encabezada por el propio Guzmán, y quitar los títulos de encomiendas mal habidas durante esa administración.

La decisión de la Segunda Audiencia provocó que el poblado de Ucareo se quedara fuera del esquema de encomiendas. Esta situación, sin embargo, no duró mucho tiempo, ya que a partir de 1536 el pueblo de Ucareo quedó sujeto a la Corona española, es decir, el pueblo pasó a estar bajo la tutela del rey como nuevo encomendero. En consecuencia, el tributo pagado por sus habitantes era recolectado por el rey a través de las Cajas Reales establecidas en la Ciudad de México; por tanto, todo lo concerniente a la asistencia espiritual de la población recayó en el monarca.

Por disposición del virrey Antonio de Mendoza, en el año de 1538 se conformó un corregimiento con los pueblos de Ucareo, Zinapécuaro y Araró, junto con Maravatío y Taximaroa,[2] quedando un corregidor como encargado de la administración de la población. En 1558, al descubrirse las minas de Tlalpujahua, el corregimiento de Ucareo quedó dentro de la jurisdicción de la Alcaldía Mayor de Tlalpujahua.[3]

---

[2] GERHARD, PETER. *Geografía histórica de la Nueva España 1519-1821*. México, UNAM, 1986, p.238.

[3] En 1590 dicho título se le quitó a Tlalpujahua para dárselo a Otzumatlán. Empero, en 1600 aquélla lo recuperó, quedando Ucareo dentro de su jurisdicción. Ma. Trinidad Pulido S. "El trabajo indígena en la región de Zinapécuaro-Taximaroa-Maravatío". En: PAREDES MARTÍNEZ, CARLOS S.. ET. AL. *Michoacán en el siglo XVI*. Morelia, FIMAX, 1984, pp. 304-305; MAZÍN GÓMEZ, Óscar. *El gran Michoacán*. Zamora, El Colegio de Michoacán, 1986, pp. 90-91.

En sus inicios la evangelización de la región corrió a cargo de la orden franciscana. Estos salían de sus conventos ubicados en Zinapécuaro o Taximaroa hacia los lugares cercanos para llevar la Palabra de Dios. Fue así como arribaron a Ucareo, mas no fundaron casa por no ser de su agrado el clima húmedo y frío del pueblo. Esta situación provocó que la administración de los sacramentos se diera de manera irregular, pues los naturales de Ucareo debían esperar la llegada de los religiosos asentados en el convento de Zinapécuaro, Taximaroa o Acámbaro. Dicha circunstancia motivó a los indígenas a solicitar al obispo Vasco de Quiroga la presencia de un sacerdote para el cuidado permanente de sus almas.[4] Tal empresa, sin

---

[4] En 1538 los habitantes de Zinapécuaro y Araró pidieron al prelado un sacerdote para que los asistiera

embargo, tuvo que esperar hasta el establecimiento de los misioneros agustinos en la región.

## La doctrina de Ucareo

La orden de San Agustín hizo su arribo a la Nueva España en el año de 1533. Tras fundar convento en la Ciudad de México, fue incursionando paulatinamente en los territorios no ocupados o abandonados por franciscanos y dominicos, sus antecesores en la labor de evangelización.

Invitada por el virrey Antonio de Mendoza, primero, y por Juan de Alvarado, encomendero del pueblo de Tiripetío, después, la orden decidió incursionar en

---

junto con los de Ucareo, pagándose su salario del ají y la sal. Armando M. Escobar O. "Las encomiendas en la cuenca lacustre de Cuitzeo". En: PAREDES MARTÍNEZ, CARLOS S.., ET. AL. *Op. Cit.*, p217.

Michoacán para auxiliar la labor de los misioneros franciscanos. Fue así como en el año de 1537 fray Juan de San Román y fray Diego de Chávez erigieron en Tiripetío el primer monasterio de la orden en estas tierras.

A éste le sucedieron las fundaciones conventuales de Tacámbaro (1538); Nueva Ciudad de Mechuacan (1548); Yuririapúndaro, Cuitzeo, Huango y Charo (1550). En 1555 el Provincial fray Diego de Vertadillo obtuvo del obispo Quiroga la anuencia para que los hijos de San Agustín se establecieran en Ucareo.

La naciente doctrina fue conferida a fray Juan de Utrera.[5] Hombre de dotes

---

[5] En 1540 fray Juan de Utrera fue uno de los quince frailes asentados en Tiripetío. NAVARRETE, FR. NICOLÁS. *Historia de la Provincia agustiniana de San Nicolás Tolentino de Michoacán* (col. Biblioteca Porrúa N0. 68). México, Porrúa, 1978, pp. 137-138.

artísticas, inició la construcción de un suntuoso monasterio. Enterado el virrey Luis de Velasco de tal pretensión, ordenó parar aquella obra

Respecto a la suspensión de los trabajos del convento, todas las crónicas agustinas mencionan que la razón de ello fue el deseo del virrey de hacer algo más moderado. Sin embargo, la realidad fue otra. El 16 noviembre de 1555 el virrey Luis de Velasco arribó a Zinapécuaro en su camino al pueblo de Guayangareo.[6] Fue abordado por los indígenas de Taimeo, quienes le pidieron ser relevados del tributo debido a la pérdida

---

[6] Tal era el nombre y la categoría que ostentaba en ese momento la ciudad fundada por el virrey Antonio de Mendoza en 1540. El nombre de Valladolid lo obtuvo hasta finales de 1577 mediante cédula del rey Felipe II. HERREJÓN PEREDO, CARLOS. *Los orígenes de Guayangareo-Valladolid*, México, El Colegio de Michoacán-Gobierno del Estado de Michoacán, 1991, pp. 75, 103.

de las cosechas por las heladas. También los naturales de Ucareo se presentaron ante él y acusaron a Fray Juan de Utrera de maltratarlos en las labores de construcción del convento. Esta acusación fue lo que motivó al virrey ordenar la suspensión de aquella obra conventual.[7]

Utrera obedeció la disposición virreinal y no levantó paredes hasta la visita de su superior, más "él en la cantera, en el monte, en la calera, lo iba disponiendo todo como si allí se hubiera de asentar". Llegado el Provincial al pueblo, recomendó a fray Juan hacer un convento moderado en poco más de un año. Reanudados los trabajos, el religioso "arrojó por parejos oficiales, que en contorno

---

[7] RUBIAL GARCÍA, ANTONIO. *El convento agustino y la sociedad novohispana.* México, UNAM, 1989, pp. 183-186.

fueron haciendo paredes, asentando puertas, enmaderando con las maderas sazonadas y dispuestas de arte que cuando vino el provincial y vio la obra, se quedó espantado (...)".[8] El asombro del Provincial agustino fue resultado de que sus ojos vieron una construcción considerada por Basalenque como un modelo de convento, pues "(...) no hay en toda la Provincia casa de mejor traza, ni de madera tan linda." El edificio contó con una sala capitular, un refectorio y una cocina que conformaron la planta baja; dos escaleras

---

[8] BASALENQUE, FR. DIEGO. *Historia de la Provincia de San Nicolás Tolentino del orden de N.P.S. Agustín* (col. México Heroico No. 18). Introducción y notas de José Bravo Ugarte. México, Jus, 1963, p.105; Kubler señala que la técnica usada en la construcción del convento fue empleada en España hacia 1572 en la construcción de El Escorial. Kubler, George. "Ucareo and the Escorial En: *Anales del Instituto de Investigaciones Estéticas*, vol. II, No. 8, 1942, pp. 5-11.

de piedra permitieron el acceso a la planta alta donde se encontraba un corredor con veinticuatro arcos de medio punto, dos dormitorios (uno con siete y el otro con seis celdas) y otros dos cuartos que comunicarían al futuro coro de la iglesia; en el corral construyó un aljibe con sus escaleras y una noria de piedra para recoger agua; tras el corral, quedó situada la huerta del convento en la que pronto aparecieron nogales y árboles de pera.[9]

Junto al monasterio, Utrera inició la construcción de la parroquia, aunque sólo alcanzó a poner los cimientos. Su edificación tardó varios años y fue obra de los priores que sucedieron a Utrera en Ucareo. Fue terminada

---

[9] MEZA GONZÁLEZ, LEONEL. *Secularización de la doctrina de Ucareo: 1758-1787*, tesis que para obtener el grado de Lic. en Historia presentó (...) [inédito]. Escuela de Historia de la Universidad Michoacana, 1999, p. 21.

en el año de 1602, el mismo año en que Ucareo fue sede de una reunión donde los agustinos decidieron conformar la Provincia de San Nicolás Tolentino de Michoacán, separándose así de la Provincia de México. Así que ese día redoblaron las campanas de la iglesia para conmemorar tal acontecimiento.

Hacia el siglo XVII en el atrio de la parroquia se colocó una cruz atrial que relata la pasión y muerte de Jesús.[10]

Entre los siglos XVI y XVII los muros del convento e iglesia fueron decorados con pinturas al fresco con motivos religiosos (ver fotos 2 y 3).

Otro edificio que fue construido por los agustinos en Ucareo fue el hospital. Aunque el cronista Diego de Basalenque no da

---

[10] GONZÁLEZ GALVÁN, MANUEL. Arte Virreinal en Michoacán. México, 1978, Frente de Afirmación Hispanista A.C., pág. 61

noticias sobre él coincidimos con la historiadora Josefina Muriel de que los frailes construyeron hospital en Ucareo porque "sería extraño que sólo allí no se hubieran ocupado los agustinos de construirlo cuando en todas partes lo hacían".[11] El hospital llevó la advocación de La Concepción. Ello porque los agustinos reconocieron que fue del obispo Vasco de Quiroga de quien tomaron su obra hospitalaria como una de planear un tipo de vida para los indígenas por medio del hospital. También el cronista Fray Nicolás Navarrete, en su obra Historia de la Provincia Agustiniana de San Nicolás Tolentino de Michoacán, indica de su existencia al señalar que junto al convento se edificó una hospedería.

---

[11] MURIEL, JOSEFINA. *Hospitales de la Nueva España*, México, UNAM, 2015, pág., 107.

Cabe mencionar que dos fueron las funciones del hospital: atender a los enfermos y dar refugio a los viajeros enfermos y sanos.[12] Navarrete también menciona que la ubicación de dicha hospedería estaba en el mismo plano de la iglesia y convento. Existen otros documentos que avalan la existencia del hospital en Ucareo. Uno de ellos es una merced otorgada por el virrey Luis de Velasco en 1564 a los naturales de Ucareo que consistió en un sitio para estancia de ganado menor, en donde hacia 1631 se sembraba una fanega de maíz y se cosechaban veinte al año y poseían diez vacas de vientre y quince ovejas.[13]

---

[12] Ibid., pág. 84
[13] Archivo General de la Nación, ramo Mercedes, vol. 7. 1564, ff..321-322.

Junto o cercano al hospital, debió construirse una capilla con la advocación a la virgen de La Concepción.

Otra función del hospital fue la de ser sede del del Ayuntamiento indígena en el cual los naturales tendrían sus propios regidores. Por este motivo, el hospital se convirtió en el centro de la vida económica y política de los indios y se desarrollaba una vida con caracteres comunales. Fue así como el hospital se convirtió en el centro de la vida del pueblo y allí estaba el gobierno de los indios.[14] El hecho de que Ucareo contara con un Ayuntamiento indígena durante la época colonial, nos hace suponer que el actual edificio de la Jefatura de Tenencia haya podido funcionar en su origen como el hospital de La Concepción de Ucareo.

---

14 MURIEL, JOSEFINA, *Op. Cit.*, pp. 70-71.

Para procurar una adecuada administración de los sacramentos, los agustinos congregaron en pueblos a los naturales que vivían en la región. Así conformaron una jurisdicción religiosa bien delimitada conocida con el nombre de doctrina

La doctrina de Ucareo comprendió los pueblos de Santa Ana Jeráhuaro, San Pedro Uripitío, San Miguel Curinhuato, San Agustín Yurécuaro, Santa María Tziritzícuaro y San Agustín Ucareo, siendo este último la cabecera (ver mapa) Este espacio geográfico era habitado por indios tarascos, por lo que los misioneros debieron aprender su idioma. Con el tiempo arribaron a la comarca algunos españoles que se asentaron en la cabecera o formaron ranchos o haciendas en esta jurisdicción. Tal fue el caso de la hacienda de

San Joaquín Jaripeo, fundada hacia el siglo XVIII por un español.

Margarita Nettel Ross nos da información respecto a la población en Ucareo en la época colonial. En el siglo XVI Ucareo contaba con 2,142 personas; en el siglo XVII la población se redujo a 271 vecinos y 1 vecino no indígena. El descenso poblacional se debió a dos factores: el primero, obedece a que desde finales del siglo XVI hubo habitantes de Ucareo que fueron mandados a trabajar a las minas de

## La doctrina de Ucareo en el Siglo XVII.

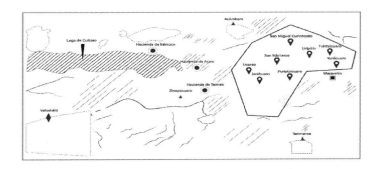

Simbología

- ⚲ Poblaciones pertenecientes a la doctrina
- ● Propiedades del Convento de Ucareo
- ◆ Capital provincial
- ▲ Doctrinas Franciscanas
- ■ Parroquia

Mapa de la doctrina de Ucareo

Guanajuato y a la ciudad de Valladolid a través del sistema de repartimiento; el segundo, fue debido a las enfermedades, como la viruela, que azotaron a la región. Sin embargo, para el siglo XVIII hubo un incremento poblacional y se alcanzaron la cifra de 480 familias indígenas y 211 vecinos.[15]

El gobierno del convento estuvo en manos del Prior[16]. Este era electo cada tres años con el derecho de reelegirse para el periodo inmediato. Tuvo, además, otras funciones tales como organizar la doctrina,

---

[15] NETTEL ROSS, MARGARITA. *Colonización y poblamiento del obispado de Michoacán*, Morelia, Instituto Michoacano de Cultura, 1990, pág. 141.

[16] Antonio Rubial señala que este cargo era, generalmente, el único existente en los conventos ubicados en los pueblos de indios. Tras el Prior seguían los religiosos doctrineros y, a veces, un hermano lego encargado del portón o la cocina. RUBIAL GARCÍA, Antonio. Op. Cit. p.142.

ser el guía espiritual de los naturales y encauzar el trabajo de los misioneros en lo concerniente a la evangelización, economía y política del pueblo. La realización de estas tareas permitió a los agustinos gozar no sólo de simpatía popular, sino también de una cuota de poder para acrecentar sus bienes y defender sus intereses.

Sin duda todos los frailes que gobernaron el monasterio tuvieron los méritos suficientes para ostentar tal cargo. Los sucesores de fray Juan de Utrera fueron hombres que se dedicaron en cuerpo y alma a su misión. Así, fray Gregorio Rodríguez (1584-1590) continuó la obra de la iglesia levantando los muros y concluyendo el presbiterio, al que adornó con un costoso retablo barroco, y compró instrumentos musicales para crear grupos de orquesta y orfeón con el propósito de amenizar las misas solemnes; fray Pedro García (1599-1605) concluyó la iglesia en 1602 y el 22 de junio de ese mismo año recibió a sus hermanos de hábito para celebrar el Capítulo Provincial que daría origen a la Provincia de San Nicolás Tolentino de Michoacán; fray Juan de Liévana (1620-1625), ocupó el cargo de Provincial en 1629; fray Francisco de Valencia (1629-1634), echó un ornamento entero en el templo; fray Pedro de Rivas (1655-1658), fue Provincial de 1667 a 1670 y al terminar su periodo al frente de la Provincia regresó como simple conventual a Ucareo donde murió el 1 de junio de 1679; fray Pedro Salguero (1673-1676) fue docto en Artes, Letras y Teología; fray Miguel Contreras trabajó diez años reparando la iglesia dañada por un incendio en 1701.[17] Junto a su labor misionera, los agustinos se ocuparon de la educativa. El cronista Nicolás Navarrete nos informa de la existencia de un centro de estudios de primeras letras para niños indígenas de ambos sexos, así como uno de artes y oficios; ambos, probablemente, obra de fray Juan de Utrera. Tiempo después, gracias a la situación geográfica del pueblo, propicia para el retiro espiritual, el convento albergó a grupos de novicios que cursaron sus estudios de gramática (estudios menores). Este centro educativo subsistió hasta 1619, cuando el Provincial fray Martín de Vergara ordenó que todos los grupos de gramática se concentraran

---

[17] NAVARRETE, Fr. Nicolás. *Op. Cit.*, pp. 711-712.

en Yuririapúndaro para que los alumnos se educaran en una gran comunidad. La vida conventual se diferenció mucho de la que se llevaba en la ciudad. En ésta llegaron a vivir centenares de religiosos dedicados al estudio y a la oración; mientras que en Ucareo, y en general en los pueblos de indios, salvo el periodo del noviciado, el número máximo fue de seis. Esta situación impidió observar la práctica del culto divino en común, como lo estipulaba el reglamento de la orden, pues entre semana los misioneros recorrían los pueblos de la doctrina quedando en la cabecera únicamente el Prior, quien oficiaba una o dos misas al día. Sin embargo, en las principales fiestas litúrgicas y en las del Santo Patrono, sí lograban reunirse "y no sólo rezaban, sino que cantaban las Horas Canónicas acompañados de los coros de niños indígenas, a los que tenían muy bien educados."[18] La participación del pueblo era muy activa en tales ocasiones y no escatimaba en gasto alguno.

En los pueblos de la doctrina los religiosos construyeron iglesias y capillas a donde los feligreses concurrían para venerar con gran fervor a un santo. Así, en el pueblo de Tziritzícuaro se adoraba a un Santísimo Cristo Crucificado. Gracias a esta devoción la orden de San Agustín fundó en dicho lugar, en el año de 1706, un convento de Recolección para que los frailes observaran de manera estricta sus Reglas y Constituciones. Con ello la administración sacramental de los habitantes de Tziritzícuaro recayó exclusivamente en los religiosos

---

[18] *Ibid.* pág. 584.

recoletos, pero el poblado siguió perteneciendo a la doctrina de Ucareo. En 1650 el recinto agustino sirvió como centro de reclusión. Resulta que fray José Valcárcel abandonó la casa de San Luis Potosí, de la que era Prior, estableciéndose en Guadalajara donde publicó varios escritos en contra del gobierno de la Provincia de San Nicolás Tolentino de Michoacán. Estos hechos obligaron al Provincial fray Ildefonso Farfán a instruirle proceso sin encarcelarlo con el fin de hacerlo compañero de habitación y de viaje. De esta manera llegó a la conclusión de que Valcárcel "era un enfermo mental y neurótico, padeciendo complejo de inferioridad por su condición física, ruin y deforme y la consiguiente reacción de superioridad por su notable talento y su facundia verbal; que había hecho sus estudios y su vida religiosa muy superficialmente y que gastaba gran parte de su tiempo en tertulias, sobre todo nocturnas, con amigos eclesiásticos y seglares." [19] Encontrado culpable de los delitos de abandono de comunidad, rebeldía y difamación en perjuicio de sus superiores, Valcárcel fue sentenciado el 1 de noviembre de 1650 a servir como hermano lego en el convento de Ucareo por espacio de tres años. Sin embargo, dos meses después de haber llegado, el religioso escapó y se dirigió a Guadalajara, donde hizo circular nuevamente sus libelos difamatorios. Poco le duró el gusto de la libertad, pues el 7 de febrero de 1651 fue nuevamente capturado y confinado a Ucareo. Desde entonces su vida transcurrió entre las faenas de la cocina, del portón y de los

---

[19] *Ibid.* pp. 133-134.

ejercicios espirituales encaminados a reconfortar su alma. Por su carácter, más de una vez debió alterar el ambiente apacible del recinto y el ánimo del Prior. El 2 de julio de 1654, cinco meses antes de concluir su condena, fray José Valcárcel entregó su alma al Señor.

En el terreno económico, el convento contó con una fuente suficiente de ingresos que permitieron satisfacer las necesidades básicas de los frailes, costear la construcción y ornamentación del complejo religioso, sostener el colegio de estudios menores, ayudar a los pobres y, en fin, vivir cómodamente.

Recién llegados a Ucareo, los gastos de su labor misionera fueron sufragados por el pueblo y el rey. Los naturales, además de pagar las misas y fiestas religiosas, se ocuparon de proveerles voluntariamente, primero, obligados, después, alimentos.

Para evitar abusos por parte de los religiosos agustinos, el virrey Luis de Velasco dispuso, en 1555, que la comunidad diera "a los misioneros diariamente dos gallinas y cuarenta tortillas; cada viernes o sábado ochenta huevos y los días de vigilia pescado."[20]

Por su parte el monarca, como buen encomendero, proveyó todo lo necesario para garantizar el culto religioso: pequeñas partidas para la construcción del convento e iglesia; limosnas para el culto consistentes en vino y aceite, y un salario de 100 pesos oro y 50 fanegas de maíz al año para cada cura doctrinero.[21]

---

[20] RUBIAL GARCÍA, Antonio. *Op. Cit.*, pp. 183-186.
[21] *Ibid,* pp. 173-176.

Al ser los hijos de San Agustín amantes de los bienes terrenales, no dejaron pasar la oportunidad para adquirir algunas propiedades.

La hacienda de Araró se conformó con la compra de un sitio de ganado menor efectuada el 25 de enero de 1590 a Pedro de Loaiza y su mujer María de Rivera en 1,300 pesos, a la que se le agregaron dos caballerías de tierra compradas a Juan González Carrillo y dos sitios de ganado mayor y cuatro caballerías donadas por Joachim de Loza; en 1631, dicha hacienda llegó a contar con 8,000 ovejas.

La hacienda de San Cayetano Yramoco (Irámuco) fue comprada en 7,000 pesos a Alfonso Pérez Bocanegra el 9 de agosto de 1596; en 1631 contó con 800 vacas y junto con la de Araró estuvo arrendada a Domingo de Chávez en 1,700 pesos al año.

La hacienda de Taimeo fue cedida en traspaso por Francisco de Salinas con la condición de que el convento reconociera los gravámenes que sobre ella pesaban.

Roberto Jaramillo Escutia también informa que los ingresos obtenidos por los agustinos por la renta de sus haciendas les permitieron "construir y adornar los edificios religiosos; sostener el Colegio de Estudios Menores y el hospital".[22]

La venta de Tejamanil en San Luis y Zacatecas permitió a fray Gregorio Rodríguez obtener tejuelos de plata para crear el retablo barroco que colocó en el presbiterio. Otros

---

[22] JARAMILLO ESCUTIA, ROBERTO. *Los agustinos de Michoacán: 1602-1652. La difícil formación de una Provincia.* México, s/e, 1991. pág. 38

ingresos que percibieron los agustinos provinieron de las capellanías.

**El fin de la doctrina**

Las actividades de la orden de San Agustín en Ucareo llegaron a su fin con la muerte del Prior fray Joachim Henríquez, acaecida el 23 de octubre del año de 1758 en el pueblo de Tziritzícuaro. Este suceso permitió al obispo Pedro Anselmo Sánchez de Tagle, en coordinación con el virrey Marqués de las Amarillas, secularizar la doctrina para cumplir con el mandato de la Corona española contenido en la Real Cédula de Secularización de 1753 y en la Real Cédula Modificante de 1757. Tras infructuosos esfuerzos por parte de los agustinos para conservar la visita de Tziritzícuaro, no tuvieron más remedio que acatar la orden del obispo. Así el 20 de abril de 1759 se realizó el acto de entrega de la doctrina. Con gran tristeza, por ser la cuna de la Provincia de San Nicolás Tolentino de Michoacán, fray Manuel de Alderete, quien fungía como encargado de la doctrina, fray Agustín Francisco Rodríguez, Fray Agustín Cabezas, Fray Pedro Raíllo y Fray Juan de Córdoba entregaron la posesión del templo y convento de Ucareo al cura Hipólito Gómez Maya con todos sus bienes, rentas y alhajas.

En los pueblos de la jurisdicción también se llevaron a cabo los actos de posesión del cura Gómez Maya, por lo que las ceremonias se desarrollaron en Jeráhuaro el 24 de abril; en Uripitío el 25; en San Juan Yurécuaro el 27 y en Tziritzícuaro el 28. En esta misma población se verificó la ceremonia final el 4 de mayo. Al día siguiente, 5 de mayo de 1759, fray Juan de Córdoba, único agustino que aún permanecía en la región, partió rumbo a Valladolid para reunirse en el convento de aquella ciudad con sus hermanos de hábito, quienes días antes habían salido de Ucareo.[23] De esta manera la región fue dejada por los hijos de San Agustín tras dos siglos de fecunda actividad. La partida fue dolorosa para los religiosos porque fueron privados de sus bienes materiales, por lo que emprendieron una ardua batalla contra el obispo de Michoacán con el propósito de seguir en posesión de sus haciendas.

---

[23] La partida de los religiosos se había efectuado de la siguiente manera: el 24 de abril habían salido de la jurisdicción de Ucareo los frailes Manuel de Alderete, Agustín Francisco Rodríguez y Agustín Cabezas y el 4 de mayo lo había hecho fray Pedro Raillo. MEZA GONZÁLEZ, LEONEL. *Op. cit.*, pp.54-59.

Finalmente debemos decir que la secularización de la doctrina de Ucareo fue el punto de partida para que nuevos pastores se hicieran cargo de estas comunidades. La toma de posesión del cura Hipólito Gómez Maya marcó el nacimiento de la parroquia de Tziritzícuaro. De esta manera Ucareo, la antigua cabecera religiosa, fue convertida en vicaría de aquélla. Sin embargo, esta condición del pueblo cambiaría hacia la tercera década del siglo XIX, cuando encontramos a Ucareo ostentando el título de parroquia.

Foto 1
Iglesia y Ex convento de Ucareo

Foto 2
Entrada a la Sacristía de la iglesia de Ucareo. En los muros no encalados se ven restos de las pinturas al fresco.

Foto 3
Pintura al fresco en la entrada de la Sacristía de la iglesia de Ucareo

Foto 4
Cruz atrial de Ucareo

Foto 5
Jefatura de Tenencia de Ucareo

# Glosario de términos.

**Alcaldía Mayor**: Jurisdicción territorial en que se dividió la Provincia de Michoacán.

**Caballería**: Extensión de tierra que tenía la forma de un paralelogramo de ángulos rectos que abarcaba 1,104 varas de largo por 552 de ancho, superficie que equivale a 42 hectáreas.

**Capellanías**: Fundación en la cual ciertos bienes quedan sujetos al cumplimiento de misas y otras cargas pías.

**Corregidor**: Funcionario real encargado de la administración política de un Corregimiento.

**Corregimiento**: Título concedido a un pueblo o conjunto de pueblos para conformar una unidad política

**Doctrina**: Jurisdicción de tipo religioso que comprendió el territorio de un convento.

**Encomienda**: Sistema por el cual el rey de España encomendaba un pueblo a un conquistador con el propósito de que éste cobrara un tributo a cambio de que sus pobladores fueran evangelizados.

**Ganado menor:** Superficie de tierra cuyas medidas eran 3,333 varas por lado, equivalente a 780 hectáreas. Los sitios de ganado menor se usaban para criar ovejas y cabras.

**Ganado mayor:** Extensión de tierra cuya superficie abarcaba 5,000 varas cuadradas, equivalente a 1,755 hectáreas. Los sitios de ganado mayor se usaban para criar ganado vacuno y caballar.

**Pintura al fresco**: La pintura al fresco es una técnica de pintura mural que se basa en pintar sobre una capa de mortero de cal húmeda con pigmentos minerales diluidos en agua.

**Primera Audiencia**: Órgano de gobierno creado en 1528 por el rey para la administración política de la Nueva España. Estuvo compuesta por un presidente y cuatro oidores, quienes atendían en primera instancia todos los asuntos de la colonia. La primera Audiencia fue presidida por Nuño de Guzmán.

**Prior**: Título que ostentaba el fraile encargado de dirigir un monasterio o convento.

**Provincial**: Era el encargado de administrar una Provincia religiosa. Ésta agrupaba a un conjunto de conventos diseminados por un amplio territorio.

**Repartimiento**: Sistema de trabajo que consistió en el trabajo forzoso de todos los indígenas varones con edad entre los 14 y 60 años de acuerdo con las necesidades de los dueños de obrajes, agricultores, ganaderos y mineros y para la construcción de ciudades españolas.

**Segunda Audiencia**: Órgano de gobierno que substituyó a la Primera Audiencia en 1532. Fue su presidente el obispo Ramírez de Fuenleal y entre los oidores se encontraba el licenciado Vasco de Quiroga.

# FUENTES CONSULTADAS

A) **Bibliográficas**

BASALENQUE, DIEGO. *Historia de la Provincia de San Nicolás Tolentino del orden de N.P.S. Agustín* (col. México Heroico No. 18). Introducción y notas de José Bravo Ugarte. México, Jus, 1963.

CORONA NÚÑEZ, JOSÉ. *Diccionario geográfico tarasco-náhuatl*. Morelia, U.M.S.N.H., 1993.

GERHARD, PETER. *Geografía histórica de la Nueva España 1519-1821*. México, UNAM, 1986,

GONZÁLEZ GALVÁN, MANUEL. Arte Virreinal en Michoacán. México, 1978, Frente de Afirmación Hispanista A.C.

JARAMILLO ESCUTIA, ROBERTO. Los agustinos de Michoacán. 1602-1652. La difícil formación de una provincia. México, s/e, 1991.

KUBLER, GEORGE. "Ucareo and the Escorial". En: *Anales del Instituto de Investigaciones Estéticas*, vol. II, No. 8, 1942.

LÓPEZ LARA, Ramón. *El obispado de Michoacán en el siglo XVI* (Col. Estudios Michoacanos III), introd. y notas de (...). Morelia, FIMAX, 1973.

MAZÍN GÓMEZ, OSCAR. *El gran Michoacán*. Zamora, El Colegio de Michoacán, 1986.

MEZA GONZÁLEZ, LEONEL. *Secularización de la doctrina de Ucareo: 1758-1787*, tesis que para obtener el grado de Lic. en Historia presentó (...) [inédito]. Escuela de Historia de la Universidad Michoacana, 1999.

Nettel Ross, Margarita. *Colonización y poblamiento del Obispado de Michoacán*. Morelia, Instituto Michoacano de Cultura, 1990.

RUBIAL GARCÍA, ANTONIO. *El convento agustino y la sociedad novohispana*. México, UNAM, 1989.

PULIDO SOLÍS, MA. TRINIDAD. "El trabajo indígena en la región de Zinapécuaro-Taximaroa-Maravatío". En: CARLOS S. PAREDES M. ET. AL. *Michoacán en el siglo XVI*. Morelia, FIMAX, 1984.

**B) Documentales**

Merced otorgada al hospital de indios del pueblo de Ucareo. Año de 1564. Archivo General de la Nación, ramo Mercedes, vol. 7.

Testimonio de los autos que se han formado sobre la devolución de las haciendas anexas a las doctrinas de San Miguel de Charo y del Partido de Ucareo. Año de 1762. CEDHIM, fondo A.G.I, ramo Gobierno, leg. 2720, 1693-1763.

Made in the USA
Columbia, SC
14 March 2025